Lb 1755.

6ᵉ PROCÈS

DU

PRÉCURSEUR.

Plaidoyer de M. Jules Favre.

Défense de M. Anselme Petetin.

PRIX : **5 Sous.**

LYON,

AU BUREAU DU PRÉCURSEUR, rue du Garet, n° 5 ;

Chez BABEUF, rue St-Dominique, n° 1 ;

TARGE, rue Lafont ;

BARON, rue Clermont.

25 MARS 1833.

6ᵉ 𝕻rocès

DU PRÉCURSEUR.

COUR D'ASSISES DU RHONE.

Audience du 25 mars.

La cour est composée de Messieurs d'Angeville , président, Capelin et Jurie, conseillers.

La foule se précipite dans la salle, dès que les portes en sont ouvertes.

A neuf heures et demie la cour entre en séance.

On procède au tirage des jurés pour l'affaire du *Précurseur.*

Le ministère exerce *huit récusations ;* le défenseur de l'accusé, *cinq* seulement.

Le jury se trouve alors composé de Messieurs :

Second,	Pistre,
Fayolle,	Gayot,
Chavanne ,	Varson,
Rostain ,	Naquet,
Varambon ,	Nugues
Robert,	Et Robinot.

Le greffier lit l'arrêt de renvoi. Les motifs de la poursuite sont les 7 lignes ci-après, que nous reproduisons intégralement avec intention :

Nous sommes invités à publier la note suivante :

« Vingt-cinq patriotes lyonnais offrent à Jeanne dont ils admirent le courage et partagent les opinions, la somme annuelle de cent francs qui lui seront payés pendant tout le temps de sa captivité. C'est un hommage qu'ils sont fiers d'adresser, en la personne de Jeanne , aux victimes héroïques du guet-apens politique du 5 et du 6 juin. Le premier quartier de cette rente payable par trimestres, a été déposé au bureau du *Précurseur.* »   D.....x.

M. le président adresse à l'accusé les questions d'usage.

M. Latournelle , substitut du procureur-général , lit un long réquisitoire, où il cherche à démontrer que la condamnation du *Précurseur* sera une chose extrêmement avantageuse à l'ordre public ; il prouve fort clairement que ce sera, à cause de la liaison intime qui existe entre la petite note poursuivie et les émeutes qui ont eu lieu à Paris, un excellent moyen de réprimer les émeutes passées ; ce ne peut être que la répression de celles-là que demande M. l'avocat du roi, car il assure que le gouvernement a glorieusement et pour jamais broyé sous ses pieds la *faction républicaine* , et qu'il ne craint rien pour l'avenir.

M. Latournelle paraît prendre grand plaisir à répéter cent fois dans son discours les mots de *calomnie,* de *mauvaise foi* , de *mensonge ;*

chaque fois qu'il les prononce il se tourne fièrement vers l'accusé et lui lance des regards foudroyans.

Il parle dans son réquisitoire du style *incisif, brutal, et parfois sauvage* du rédacteur en chef du *Précurseur;* l'accusé paraît extrêmement reconnaissant de cette leçon de rhétorique que veut bien lui donner M. Latournelle ; il semble étudier avec grande attention le style de M. l'avocat-général, qui dans sa lourde fadeur et sa trivialité déclamatoire, est en effet un excellent modèle pour quiconque aurait l'expression trop incisive et la pensée trop hardie. — M. Latournelle sème pourtant sa harangue de quelques traits qui ne sont pas sans un certain mérite d'originalité : par exemple, il parle de la presse libérale comme d'un *acheminement à une république impossible.*

Après de longs développemens sur la conspiration républicaine de juin (M. l'avocat-général veut bien nous faire grâce du complot *carlo*-républicain) sur les amas d'armes découverts par la police après la catastrophe, M. Latournelle conclut à l'application de la peine portée par la loi pour le délit d'excitation à la haine et au mépris du gouvernement.

Mᵉ Jules Favre, défenseur du *Précurseur*, a la parole :

MESSIEURS DE LA COUR, MESSIEURS LES JURÉS,

Ce n'est pas sans quelque étonnement que je me présente à cette barre, pour y défendre le *Précurseur* contre les attaques du ministère public. J'avais cru que l'indépendance du jury lyonnais pouvait désormais poursuivre avec sécurité ses vastes et pacifiques destinées. J'avais cru que le pouvoir cinq fois averti par d'éclatantes manifestations tiendrait enfin pour sérieuse l'alliance conclue entre la liberté de la presse et le pays. Mais il paraît que les leçons qui blessent son orgueil, ne vont pas à son intelligence, puisqu'il vient de nouveau jeter à travers les textes usés de la restauration, et ressusciter pour l'édification de tous, ces accusations banales dont le bon sens public commence à faire justice. Du reste je ne m'en plaindrai pas ; et j'ai de mes juges une idée trop élevée pour que ma première parole devant eux porte l'empreinte de la défiance. Certes, lorsqu'une feuille politique s'est constituée, à ses périls et risques, le champion des intérêts populaires, lorsque dans la lutte elle a noblement mis en jeu son existence et la liberté de ses écrivains, et que plus tard elle a rencontré comme appui, contre les susceptibilités haineuses, de l'autorité offensée, l'assentiment de la nation entière, prise à partie, et légalement représentée par le jury : il lui sied, je pense, de déposer toute crainte au seuil de l'arène judiciaire où on la force à descendre : il lui sied d'aborder le front haut les juges, lorsque ceux-ci ont de leur côté fait taire les passions agitées de la vie pour ne conserver au fond de leur ame que le sentiment de leur dignité et de leurs devoirs.

Ils sont grands, messieurs les jurés, ces devoirs, ils sont faciles aussi: dans cette enceinte même s'est commencée une œuvre de civilisation et de paix. Du haut des siéges que vous occupez, est tombée une parole, qui est devenue un baptème d'émancipation pour l'intelligence humaine, en vertu de laquelle, il lui a été donné de prendre sa place dans le monde comme puissance légale et régulière. C'est à vous de nous dire, si elle a démérité; à vous de prononcer si les traditions, sous l'empire desquelles vous a été légué le redoutable héritage de la justice criminelle, sont anti-sociales ou bienfaisantes. Ainsi ce procès est plus grand que tous ceux qui l'ont précédé ; car il les résume et les juge. Ainsi ce n'est point seulement le *Précurseur*, mais la liberté de la presse lyonnaise, mais aussi, l'opinion qui dicta à vos concitoyens cinq acquittemens successifs qui sont maintenant devant vous en cause : cortège illustre d'accusés ! que le ministère public a sans le savoir unis par des liens indissolubles de solidarité ! cortège illustre, où ne manqueront ni la garantie sainte d'un tribunal populaire , ni les vives sympathies du dehors. Que ne puis-je , messieurs , en dire autant de la défense ! Mais quand je prononce ce mot , ne vous semble-t-il pas, comme à moi , qu'autour de nous planent encore de nobles et brillans souvenirs, bien capables vraiment d'intimider mon inexpérience?Vos yeux ne cherchent-ils pas à cette barre ces hommes supérieurs qui prêtèrent à la presse l'autorité puissante de leur parole? C'est qu'il fut mémorable, ce jour, dans lequel le talent des orateurs sembla s'élever au niveau de votre justice, pour couvrir d'une double égide nos libertés menacées! Et cependant, messieurs, vous ferai-je la confession de mes témérités? Moi qui n'ai d'autre soutien que ma foi politique, j'ambitionne cette difficile tâche. Il me semblait que si la conviction peut jamais suppléer la force, ma voix n'était point tout-à-fait indigne de monter jusqu'à vous. Et puis d'ailleurs , qu'importent après tout des considérations de cette nature ? Qu'importe l'affaiblissement de la défense, quand le tribunal est resté le même , toujours indépendant des suggestions du pouvoir qu'il domine , toujours animé de la plus pure sollicitude pour les intérêts du pays ! Et quand je parle en leur nom , ne suis-je pas certain d'avance , messieurs, que votre bienveillance est là pour soutenir au besoin ma faiblesse, pour achever ce que ma jeune parole pourrait avoir d'ébauché et d'imcomplet?

Le *Précurseur* est incriminé pour avoir inséré dans son numéro du vingt-cinq février dernier, une *note communiquée* par laquelle vingt-cinq patriotes lyonnais offrent à Jeanne une souscription annuelle de cent francs. Cette note renferme l'expression de sentimens d'admiration et de sympathie pour un homme que les passions politiques font à l'heure qu'il est, pourrir au fond d'un cachot. Le ministère public s'en est offensé ! Lui dont l'ame s'émeut si vite aux sensibleries de sa dignité , il n'a pas compris les priviléges de l'infortune ! il a jalousé une larme tombée sur elle ! il a converti en crime la pieuse et sincère expression de nos patriotiques regrets. Ainsi ce n'était point assez de traîner Jeanne devant les gardes nationaux qu'il avait combattus ! point assez de l'avoir fait condamner à une peine infamante qui usera sa jeune vie dans les horreurs de la captivité ; il fallait encore intenter un procès criminel à ceux qni osent l'aimer, lui détenu ; il fallait les afficher comme de mauvais citoyens, les traduire en cour d'assises , afin qu'il fût bien avéré aux yeux de tous que les haines du pouvoir sont vivaces et implacables , et que ceux qu'il a frappés doivent être insultés sous peine d'amende et de prison ! Eh bien ! je le déclare : le *Précurseur* se tient pour honoré de semblables poursuites !... Je demande si la postérité a flétri les noms des hommes de cœur qui, sous Tibère ou sous la Convention, moururent pour avoir porté le deuil de leurs amis? Et moi je dis qu'il vaut mieux les anathèmes du parquet, quelle que soit leur éloquence de commande, que la paix ignominieuse de certains publicistes, paix qu'ils achètent en jetant une boue officielle au visage de ceux que l'autorité leur montre du doigt! Non, nous n'en voulons pas de cette paix! A nous, les réquisitoires! à nous, le banc des accusés! surtout, messieurs, quand il est à vos pieds. Car nous ne pensons pas qu'après les tourmentes que le pays a traversées, après les vicissitudes sans nombre d'humiliation et de misère qui ont balloté les divers partis, il se puisse trouver un jury français qui nous juge coupables, pour nous être plaint avec amertume de la fatale destinée d'un condamné politique, pour avoir pleuré dans un sens contraire à celui du gouvernement!

Et néanmoins, dans ce touchant hommage de douleur, le ministère public a eu l'art de rencontrer deux délits: délit d'excitation à la haine et au mépris du gouvernement du roi, délit d'offense envers la personne des jurés, à raison de leurs fonctions. Il est vrai que le bon sens de la cour a écarté le second chef, malgré la vive opposition de M. le procureur du roi, qui tenait à ce que sa pensée vous arrivât entière : en sorte que l'accusation est déjà mutilée. Mais si elle a subi cet échec devant une magistrature choisie par le pouvoir, jugeant à huis-clos et sans l'office de défenseur, que deviendra-t-elle en face d'une magistrature populaire, éclairée par les lumières de la publicité, forcée de lutter corps à corps avec l'accusé qui vient loyalement vous dire : Me voici, mes pairs! homme d'honneur, j'accepte votre juridiction! prenez ma vie et mon caractère, prenez l'accusation et jugez!

Pour moi, Messieurs, qui suis chargé de traduire sa pensée, je n'éprouvai jamais peut-être d'embarras plus sérieux, non pas pour justifier le prévenu, mais pour savoir précisément ce qu'on lui reproche. Toutes les fois, en effet, que les mots d'excitation à la haine et au mépris du gouvernement du roi ont frappé mon oreille, ce fut comme un bourdonnement de termes vagues et sans valeur, ne laissant aucune idée dans mon cerveau. Et plus je me prenais à y réfléchir, plus ma raison s'enfonçait perdue dans un mystérieux labyrinthe d'hypothèses et de contre-hypothèses, au milieu duquel la puissante logique de M. l'avocat-général n'a pu me servir de fil conducteur. Je conçois un délit d'excitation à la révolte, au pillage, à la guerre civile; ainsi pour en choisir un exemple horriblement célèbre, quand Marat écrivait dans son journal: « Le peuple de Paris est un être imbécille; il a présenté des pétitions à la Convention pour avoir du blé! Que dès demain il pende une douzaine d'accapareurs à la porte de leur boutique et le blé lui viendra! » Quand bien même ces lignes n'auraient pas été scellées de sang, elles n'en contenaient pas moins une provocation flagrante : on peut la concevoir moins hideuse, et tout aussi directe, tout aussi punissable. De même je comprends jusqu'à un certain point le délit d'attaque contre les droits que le roi tient de sa naissance ou de l'élection nationale, bien qu'assurément je ne voie ni crime ni danger à les discuter paisiblement; je me fais une idée d'un corps de délit. Mais d'excitation à la haine et au mépris du gouvernement du roi! pardon, Messieurs, mais je n'y comprends rien. Est-ce un défaut de mon intelligence, je l'ignore; mais j'ai beau combiner mes souvenirs avec mes réflexions, je crains toujours que la confusion de mes idées ne se communique à mon discours., et qu'après avoir longuement raisonné, nous arrivions à ne plus nous entendre ni les uns ni les autres : ce qui serait à coup sûr la plus merveilleuse explication de la loi.

Et ne croyez point, Messieurs. qu'elle soit nouvelle. Les parquets de la restauration qui, sans être aussi prodigues de poursuites que ceux de la monarchie de juillet, se permettaient quelquefois le procès politique, avaient ainsi donné naissance à une théorie complète sur la matière. Je l'ai souvent entendu développer par les hommes distingués de cette époque ; et, en vérité j'admirais comment on peut raisonnablement être dupe de ses propres illusions, ou plutôt, comment l'hypocrisie de la défense peut être forcée de lutter contre l'hypocrisie de la loi. Ce système se résumait en cet axiôme : Le roi règne et ne gouverne pas. Il est placé par la constitution dans un sanctuaire impénétrable d'inviolabilité. Il est le sommet caché du triangle social, le pondérateur sublime de l'équilibre universel. De la sphère élevée où il se trouve, il est dans l'état comme n'y étant pas, il descend jusqu'au moindre bourg par la puissance administrative et judiciaire qui émané de lui, et si l'on remonte cette vaste hiérarchie, on ne rencontre rien au delà de la responsabilité ministérielle, rien qu'une majesté abstraite, inagissante ; un nom auguste que nulle bouche ne peut faire descendre dans les débats de la discussion.... D'où l'on concluait, Messieurs, que la royauté devait demeurer en dehors de toute polémique ; mais l'on se réservait la libre censure des actes de ses fonctionnaires ; assurément je ne blâmerai pas les orateurs de l'opposition de cette époque, d'avoir recouru à cette mystique interprétation. Ne pouvant surmonter la difficulté, il leur était permis de la tourner. Ils faisaient à la majesté du trône une large part, afin de critiquer à l'aise ses manifestations dans l'état. Mais si ce langage était opportun, vous conviendrez qu'il était peu clair et surtout peu logique. Qu'est-ce en effet que ce fantôme péniblement échassé au dessus de la société ? Qu'est-ce qu'un principe immobile, relégué dans une atmosphère nuageuse, et qui ne se rattache au pays que par ses bienfaits... et sa liste civile ? Et puis, d'ailleurs, si le roi règne et ne gouverne pas, pourquoi parler, dans la loi, de son gouvernement ? Je concevrais une excitation à la haine et au mépris de son règue ! Mais le gouvernement d'un roi qui ne gouverne pas ! En vérité, Messieurs, qu'est-ce autre chose qu'un non-sens ?

Au reste, ces questions positives et insolubles n'étaient guère agitées alors que parmi nous, simples étudians, bons tout au plus à passer des examens, et non à en faire subir aux autres. Les politiques du temps se contentaient de cet inconcevable mysticisme qu'ils entouraient de phrases pompeuses. Cachant ainsi le vide de leurs idées sous la magnificence du langage, ils jetaient au peuple un appât dont celui-ci n'était pas dupe, et endormaient la monarchie au sein de ces fictions mensongères qui ne la sauvèrent point le jour où elle voulut s'appuyer sur elle pour brider la nation.

Vint juillet : nous pensions que son brillant soleil éclairerait enfin les ténèbres de notre législation. Nous pensions qu'avec tous les jésuitismes qui prenaient alors la route de Cherbourg, disparaîtraient pour jamais ces mystiques ambages aussi indignes de la majesté de la loi, qu'exclusifs d'une saine justice ; mais dites-moi, de grâce, ce qu'il advint de nos espérances de juillet ? Belles chimères d'une jeunesse qui s'épanouit à la vie, et qui sont balayées dès le lendemain pour faire place à de tristes désenchantemens ! Pourtant je dois le dire : la plus grande et la plus solennelle jonglerie de toutes les jongleries de cette époque fut, sans contredit, la révision des lois sur la presse. On nous donna le jury. Réforme immense qui, selon moi, est destinée à sauver la France et peut-être l'Europe d'un bouleversement inévitable sans elle ! Mais le moyen de la refuser ! Elle se portait écrite en pétition sur chaque baïonnette des combattans de juillet. On la trouvait sur tous les champs de bataille, et jusques sur les tombes des martyrs qui avaient succombé. Elle entra donc de force au palais Bourbon, et se fit place dans les actes officiels, en dépit des plus vives résistances. Il en était une autre non moins importante, quoique moins populaire, parce qu'elle ne pouvait être aussi bien comprise par les masses ; elle dépendait de ceux que je pourrais nommer les savans, de ceux qui rédigent les lois. On se mit toutefois à l'œuvre ; car après juillet, aucun semblant ne manqua. On rencontra dans la loi de 1822 des attaques contre les droits que le roi tient de sa naissance, et comme on voulait faire divorce avec la légitimité, au moins pour un temps, on écrivit : Les droits que le roi tient de l'élection nationale, et les procès continuèrent. Puis vint M. Dupin ; M. Dupin qui avait prouvé à la tribune qu'il n'y avait plus de religion de l'état, mais une religion de la majorité des Français ; et M. Dupin démontra qu'il fallait faire aussi ce grand changement dans la loi de 1822. Et tout fut dit. En sorte que ces modifications se réduisirent à remplacer le titre de roi de France, par celui de roi des Français, et la législation de la presse fut à peu près aussi bien traitée que les écriteaux d'illumination publique.

Nous voilà donc de nouveau, en 1833, dans l'ornière de la restauration ! Nous voici forcés de marcher dans l'obscurité, et à nous demander ce que peut être le gouvernement du roi ! Voulez-vous l'ingénieuse explication de la restauration : le roi règne et ne gouverne pas ? Mais nos perplexités vont revenir ! Qu'est-ce alors que son gouvernement ? En le jetant au-delà de l'horizon politique, on peut à toute force trouver un sens à la loi : car le roi a un gouvernement intérieur, celui de sa maison. Et l'on conçoit ce qu'il peut y avoir d'inconvenant et même de criminel, à nous *sujets*, de soulever le voile qui cache ses actions privées. Mais je crois que la matière des délits serait infiniment étroite. J'ai ouï dire en effet que ce gouvernement-là était un modèle d'ordre, de sagesse et d'économie : il n'a donc rien de commun avec le gouvernement du ministère. Qu'un homme soit néanmoins assez osé, pour se plaindre de lire, en face du palais des Tuileries certaine affiche d'expropriation, qui prouve qu'il ne faut pas pousser la niaiserie jusqu'à croire à certaine reconnaissance, il pourra être accusé d'irrévérence ; mais que le ministère public, de son côté, laisse dormir ses foudres. Car il paraît que la mode s'est introduite parmi les hauts fonctionnaires de procéder directement en matière de diffamation, et je ne doute pas qu'on ne démontrât, par ministère d'huissier, comme quoi le débiteur principal doit être discuté avant la caution, surtout quand celle-ci lui doit une couronne.

Mais non, il est trop évident que cette étroite sphère n'est pas la nôtre , que l'accusation est toute politique. On nous poursuit pour avoir qualifié un acte du ministère. Mais si un pareil droit nous est contesté , je demande ce que deviendra la liberté de la presse , si le gouvernement du roi est celui de ses fonctionnaires? il sera donc interdit de dénoncer un fait qui porterait atteinte à leur considération. Ainsi , qu'un premier ministre, c'est une supposition, soit connu par son esprit de rapacité , qu'il ait acquis en ce genre une réputation toute semblable à celle du consul romain Céthégus qui , dans la guerre des Gaules , fit enlever par des soldats apostés un convoi d'or destiné à la république ; que fidèle à ses antécédens, il spécule sur les marchés publics et s'enrichisse dans les adjudications au rabais : si la presse le dénonce , elle aura sans doute excité à la haine et au mépris de ce ministre , lequel fait partie du gouvernement du roi. Ce sera bien pis , si elle prouve les faits ! on la punira d'autant plus sévèrement qu'elle aura davantage raison. Et ce que je dis d'un premier ministre , je le pourrais dire du dernier fonctionnaire, de M. Vidocq, par exemple. M. Vidocq n'est point une abstraction , ni une majesté invisible : car il tire fort bien sur les gardes nationaux , et fait des répétitions de pillage , pour exercer sa bande et tricher les voleurs. Eh bien ! si la presse le désigne comme un échappé des bagnes , elle aura excité à la haine et au mépris du gouvernement du roi. Car le gouvernement qui s'appuie sur de tels rebuts , ne mérite point l'estime et l'affection des honnêtes gens. Voilà donc la presse enchaînée ! la voilà réduite à se faire l'humble servante de tous les ministères passés , présens et futurs ! Je sais que le pouvoir n'a point été jusque-là ; il savait bien qu'en usant à la rigueur de l'arme qu'il s'était donnée , il se blesserait lui-même : mais ces conséquences se trouvent dans la loi ; elles en font un instrument d'arbitraire , un véritable lacet jeté au coup de la presse , et qui peut-être serré au gré du caprice du plus fort.

Pour vous , messieurs les jurés, vous puisez vos élémens de conviction dans des motifs plus nobles. Planant au-dessus des lois par votre omnipotence , vous ne laissez point égarer votre raison à travers des textes subtils : vous vous demandez avant tout si l'écrit qui vous est dénoncé a soulevé des passions coupables. Mais si , par hasard, il a dit la vérité, quoiqu'il l'ait entourée d'irritation , loin de le condamner, vous le soutenez par votre justice. Entre la vérité et le pouvoir , votre choix n'est jamais douteux. C'est donc sur ce terrain que je vais maintenant conduire la discussion ; mais je voulais en finir avec ces arguties des lois invoquées par le ministère public, je voulais démontrer que leur intention est hostile à la presse, et qu'elles n'ont été faites que pour gêner la pensée , et servir l'avancement de MM. du parquet.

Après un repos de quelques minutes, l'avocat reprend en ces termes :

Je me sens plus à l'aise, Messieurs. Débarrassés des phrases obscures que la restauration avait glissées dans ses lois, nous pouvons chercher la vérité par les faits , et peser de nos mains la moralité de l'accusation. Je la résume dans une seule proposition. L'article incriminé a-t-il soulevé des passions subversives ? Mais avant de l'aborder , permettez-moi de poser une question préjudicielle qui se présente natu-rellement à l'esprit. Toutes les fois qu'un prévenu est amené à vos

pieds , quand vous avez entendu les divers témoignages invoqués en
sa faveur ou contre lui , et que recueillis en vous-mêmes vous vous
demandez compte de la sentence que vous allez porter , vous examinez
scrupuleusement , non-seulement la réalité de l'acte reproché , mais
aussi le lien intentionnel qui se rattache au présumé coupable. Car
vous n'êtes point les réparateurs du dommage , vous êtes les juges de
l'homme. Et si le préjudice a été causé par une action non imputa-
ble à la volonté de l'être intelligent et libre qui est traduit devant
vous , vous l'absolvez. A plus forte raison s'il est le résultat d'une action permise. Or , je soutiens qu'en publiant l'article incriminé , le
Précurseur n'a fait qu'user de son droit , qu'il a été fidèle à la vérité
historique . en un mot, qu'en parlant de la catastrophe de juin , il ne
pouvait la qualifier autrement que de guet-apens politique. En voulez-
vous la preuve ? Franchissez un intervalle de vingt années ; supposez-
vous chargés d'écrire l'histoire des faits qui s'accomplissent sur la scène
où nous sommes. L'histoire, vous le savez, n'est point le panégyri-
que ampoulé d'un règne , ni la sèche et froide anatomie d'une époque. Pour être vivante et bien comprise elle doit pénétrer tous les
mystères , épier tous les secrets , connaitre l'origine des choses. Et
pour avoir ces renseignemens à quelle autorité s'adressera-t-elle ? Sera-
ce par hasard au *Moniteur* ou aux réquisitoires du ministère public ?
Pensez-vous que pour savoir la vérité dans la fameuse affaire de
l'attentat horrible , elle fut en droit de se tenir satisfaite du viridique
discours de M. le procureur-général ? Non , Messieurs , elle n'écrit
point sous l'influence d'un parti , elle recueille religieusement les faits,
les compare , et de leur rapprochement elle tire la vérité. Mais si dans
le nombre , il s'en rencontre qui aient passé par l'étamine de la justice ! de la justice qui , loin de s'imprégner des passions contempo-
raines, conserve son impartialité même au milieu des orages qui
ébranlent son siége , ne devront-ils pas inspirer à l'histoire une confiance sans réserve ? Certes , la majesté de la justice me semble digne
d'être l'appui de la majesté et de la certitude historiques. Maintenant
pensez au rôle de la presse ; elle n'est pas autre chose que l'histoire
quotidienne, elle enregistre jour par jour les faits qui naissent. Et
pour elle la vérité et l'indépendance sont aussi d'un précieux devoir. Quoi ! nous nous ferions lâchement les historiographes de la
peur ou de la flatterie parce que nous sommes venus vingt ans trop
tôt ! Oh ! non , mille fois mieux briser notre plume que la prostituer !
Si jamais, ce qui n'arrivera pas, la liberté était morte , nous pourrions
bien , par épuisement et lassitude, tendre nos mains aux chaînes en
attendant qu'elles pussent porter le glaive , mais nous n'irons point
mettre nos intelligences profanées au service d'une tyrannie grande
ou petite.

Telle est la ligne que le *Précurseur* s'est tracée. Il a cherché la vérité
politique et la vérité historique avec une infatigable persévérance ,
quelquefois avec passion, j'en conviens. Mais qui donc n'en aurait pas,
lorsque tout brûle , lorsqu'on en rencontre de violentes jusque dans
les réquisitoires des magistrats ? Les égoïstes seuls n'en ont pas , parce
qu'ils renferment toutes leurs affections en eux-mêmes et se prennent
pour centre de vie. Mais nous ne nous flattons pas de posséder cette
vertu.

Le *Précurseur* a-t-il manqué son but, en qualifiant la catastrophe de juin de guet-apens politique ? S'il en était ainsi son erreur serait encore excusable, car il devait nécessairement la commettre. S'agissait-il d'un fait récent descendu du télégraphe sur la place publique et qui ne fut expliqué que par les rumeurs populaires toujours mêlées d'exagérations et de mensonge ? aurait-on accueilli imprudemment de téméraires versions ? C'était un fait passé depuis dix mois et que la presse avait unanimement jugé. Que dis-je ? la justice nationale était intervenue pour ratifier le jugement de la presse. Je ne suivrai point M. l'avocat-général dans le récit plus ou moins sincère qu'il vous a présenté de la catastrophe de juin. Je vous dirai ce que je sais, les faits auxquels je me suis mêlé. Quand la nouvelle du massacre nous parvint, le *Précurseur*, à travers la vapeur de sang qui s'élevait autour des victimes tombées, vit tout de suite la ténébreuse main de la police guidant les fils de cet épouvantable drame, il la dénonça hautement, il défia le gouvernement de prouver la conspiration qu'il faisait annoncer fastueusement par ses journaux. Il fut saisi. Mais devait-il se tenir pour vaincu, alors qu'il était si puissant de son droit ? Devait-il reculer devant M. le procureur du roi qui usait de la loi au profit des violateurs de la loi, et se faisait le complice des réactions illégales que la cour de cassation a flétries ? Non, Messieurs, il persista avec plus de force. Saisi de nouveau, il protesta solennellement. Je vous le demande, à quelque parti que vous apparteniez, n'y a-t-il pas quelque chose de noble dans le spectacle d'une feuille indépendante persécutée au nom des lois, par ceux qui les foulent aux pieds, et s'appuyant sur les lois en ruine pour venger l'humanité outragée ; attaquant la violence quand la violence triomphait, et ne répondant à son orgueilleuse victoire que par un appel à la justice du pays, comme à une divinité tutélaire et infaillible ?

Cet appel fut entendu. Le jury du mois de septembre déclara par son verdict que le *Précurseur* n'avait point calomnié, qu'il avait usé de son droit en dévoilant les turpitudes de la police. En même temps la vérité se faisait jour de toutes parts. La cour d'assises de Paris était comme un foyer brillant d'où partaient incessamment des rayons de lumière qui venaient éclairer ces grandes scènes de deuil. Dans l'affaire du *Corsaire*, il avait été prouvé que Vidocq et sa bande s'étaient déguisés en ouvriers et avaient tiré sur les gardes nationaux. Dans celle de Geoffroy, qu'un agent de police à cheval portait un drapeau *rouge*, autour duquel s'étaient réunis des jeunes gens exaltés dont on avait exploité l'irritation. Plus tard le procès de Jeanne démontra que les dragons avaient chargé sans sommation, et que la loi de 1831, faite par la chambre pour protéger les citoyens, avait été violée. Et vous voulez, Messieurs, qu'après une confirmation aussi éclatante de ses prévisions, le *Précurseur* ne crut pas au guet-apens ? Oh ! certes cette foi de sa part a été légitime. Mais je vais plus loin, je dis qu'elle a été vraie. Je dis que tant de preuves parlent plus haut que tous les démentis officiels des hommes du pouvoir. Oui, il y a eu guet-apens politique au mois de juin, comme il y eut guet-apens politique à Colmar dans la conspiration du malheureux Carou. Pourquoi donc le ministère public, si jaloux de la réputation de la police laisse-t-il impunément écrire qu'il y eut guet-apens à Colmar et nous poursuit pour avoir avancé qu'il y avait eu guet-apens à Paris? En voulez-vous savoir la raison? c'est que ceux auxquels profita le guet-a-pens de Colmar sont maintenant à Prague, qu'ils n'ont plus rien à donner, tandis que ceux auxquels profite le guet-apens de Paris sont aux Tuileries !

Mais vous, Messieurs les jurés, vous êtes nos juges, vous êtes les mandataires du peuple, et ne recevez point votre justice toute faite, selon les inspirations du pouvoir! Vous pèserez toutes les circonstances que je vous ai rappelées, et si, ce que je ne puis croire, vous n'y trouviez point la preuve radicale des attentats de la police, c'est-à-dire de l'autorité supérieure qui la dirige, au moins y verrez-vous celle de la bonne foi du *Précurseur*. Au moins serez-vous convaincus qu'il a écrit sous l'empire d'une persuasion intime, et que les reproches de fausseté, qu'on lui prodigue avec tant d'amertume, sont de gratuites calomnies. Lisez d'ailleurs l'article incriminé, cet article de six lignes, dans lequel il n'est qu'un seul mot inculpé, et dites-moi, en conscience, s'il vous paraît écrit dans de mauvaises intentions, pour produire de l'effet sur les masses. Au moins, faudrait-il convenir que le *Précurseur* connait bien mal les ressources de la puissance dont il dispose. Mais non, le délit n'est évidemment ni dans la pensée ni dans la forme, et il a fallu toute l'imagination du ministère public pour l'y découvrir.

Mais puisqu'il nous a conduit sur ce terrain, je l'y veux maintenir. Je veux que cette défense soit complète, qu'elle fasse publiquement juger la moralité de ceux qui se flattent de représenter dignement la société. Certes, Messieurs, depuis six mois le dégoût a saisi bien des ames généreuses. Il a fallu une constance plus qu'ordinaire à l'écrivain politique pour demeurer à son poste. Cette constance, je ne l'aurais pas eue. Mais on nous traduit en cour d'assises, on dénature nos intentions, je m'expliquerai donc. Je dirai tout ce que nous avons sur le cœur; je veux m'abstenir de toute déclamation, renfermer au fond de mon ame l'indignation qui la soulève. Je serai calme, et ne citerai que des faits. Et dans le nombre, je ne prendrai que ceux sur lesquels le doute est impossible, et je dirai qu'en les rappelant, non-seulement j'excuse le *Précurseur*, mais je prouve que la haine et le mépris qu'il pourrait avoir soulevés, loin d'être condamnables, sont choses saintes, parce qu'elles se trouvent au fond de toutes les ames honnêtes. Ainsi, je ne parlerai point des fautes commises à l'extérieur, je n'examinerai point si on a déshonoré le nom français et compromis notre avenir, surtout financier; je ne toucherai point la brûlante question des charges et des recettes publiques, et de tout ce gaspillage fait sous le voile des intérêts publics. Je m'attache à un seul fait: écoutez, Messieurs: Au mois de juillet 1834, des bandes de misérables ont été enrégimentées par la police, elles se sont répandues sur les boulevards, ont frappé selon leur caprice, et laissé presque sans vie des citoyens inoffensifs, des étudians dont tout le crime était de porter des chapeaux blancs.

Au mois de juin 1832, Vidocq et sa bande se sont déguisés en ouvriers, ils ont simulé les insurgés, afin de les exciter au meurtre, ils ont tiré eux-mêmes sur les gardes nationaux. Des sergens de ville ont frappé sans sommation.

Ce n'est pas tout: au mois de juillet on a trouvé, un matin, sur le pont d'Arcole, des traces de sang ; on a su que des agens de police , des magistrats, avaient égorgé des citoyens désarmés, que la Seine avait roulé des cadavres. Et la justice s'est tu ! Et tandis que dans la moindre affaire criminelle, des milliers d'émissaires sont lancés à la trace du coupable, tandis que pour le coup de pistolet, on a trouvé plus de cinquante auteurs de l'attentat, quand il n'y en avait pas un, le mystère a enveloppé cet horrible massacre. — Mais de grâce, Messieurs les jurés , y avez-vous bien pensé ? Vous êtes pères de famille, et vos enfans peuvent tomber sous le bâton obscur de la police, sans que vous ayiez le droit de vous plaindre ! Vous êtes contribuables , et vous avez payé pour solder l'assassinat de vos concitoyens ! Et quand vous punissez la moindre violence commise contre les personnes, vous nous puniriez aussi, nous qui avons dénoncé ces infamies ! Oh ! non, vous ne le pouvez pas, sans vous faire les apologistes du meurtre : vous ne le pouvez pas, Messieurs de la cour ; le ministère public ne le peut pas davantage ! Mais à lui j'adresse des interpellations bien autrement positives, car il représente ce qu'il y a dans l'état de plus saint et de plus outragé, il représente la loi. Or, je dirai que la nation est lasse de toutes ces comédies judiciaires faites en son nom ! Il faut qu'on sache enfin si les victimes et ceux qui protestent pour elles seront condamnés , et les meurtriers récompensés et couverts de l'égide de la loi ! Il faut qu'on sache si le ministère public accepte la solidarité de ces attentats ! Il faut qu'on sache si l'assassinat sera par lui érigé en doctrine politique dans le sanctuaire même de la justice. Voici donc les questions que je pose à M. l'avocat-général , et je désire qu'elles soient entendues de toute la France , car je ne parle pas seulement au nom du *Précurseur* , mais au nom de tout le sang illégalement versé depuis dix-huit mois.

Au mois de juillet 1831 , on a payé des assassins ; ils ont assassiné pour le compte du gouvernement. Ces faits sont-ils vrais , oui ou non ? Si M. l'avocat-général les nie, j'en ai la preuve derrière moi , je lui démontrerai que je ne suis point un calomniateur.

Au mois de juin 1832 , Vidocq et sa bande ont assassiné des gardes nationaux combattant pour la défense des lois ; au mois de juillet, des sergens de ville ont assassiné sur le pont d'Arcole. Ces faits sont-ils vrais, oui ou non ? Si M. l'avocat-général les nie, j'en ai la preuve ; et je lui montrerai que je ne calomnie pas.

Cette preuve faite, je lui demanderai s'il les approuve, ces faits. S'il les approuve , je me tairai, les jurés et le pays jugeront.

Mais s'il ne les approuve pas, je lui demanderai s'ils ne sont pas dignes du mépris , de la haine de toutes les ames honnêtes ? et puis ce qu'il pense du gouvernement qui les tolère , qui en profite : et par gouvernement , je n'entends pas M. Vidocq qui tue , M. Gisquet qui paie , M. Barthe qui ne poursuit pas. J'ai promis d'être logique jusqu'au bout. J'entends le gouvernement qui laisse en place MM. Barthe , Gisquet et Vidocq.

Et de peur que mes paroles subséquentes ne fassent oublier ces interpellations, je n'ajouterai pas un mot, et j'attendrai pour répliquer que M. l'avocat-général m'ait fait l'honneur de me répondre.

M. le président , avec vivacité : L'audience est suspendue pendant un quart-d'heure.

L'audience a tout-à-fait perdu le caractère de solennité languissante qu'elle conserve habituellement : une agitation profonde se remarque dans les spectateurs à chaque instant plus nombreux, et dont la foule se prolonge jusqu'au dehors.

Au bout d'une demi-heure la cour rentre en séance ; M. Delatournelle, substitut de M. le procureur-général, a la parole.

Ce jeune magistrat s'élève avec violence contre les écarts de la défense ; elle a, selon lui, franchi toutes les bornes et devrait suffire à MM. les jurés pour démontrer les passions coupables dont le *Précurseur* est animé. La défense n'a rien respecté, elle a calomnié le jury parisien !.....

Mᵉ Jules Favre : Vous dénaturez mes paroles.

M. Delatournelle : Vous avez dit que Jeanne était victime de passions politiques.

Mᶜ Jules Favre : Eh bien ! n'est-il pas victime des passions politiques qui ont enfanté la catastrophe de juin, de quelque part qu'elles viennent ?

M. le président : Vous répondrez.

Mᵉ Jules Favre : Oui, M. le président ; mais je ne veux point me laisser insulter.

M. Delatournelle s'estime heureux de ce qu'il appelle une rétractation. Il revient à plaisir sur les reproches de mauvaise foi qu'il a prodigués dans son premier réquisitoire ; puis il s'étonne de ce que le défenseur ait essayé de jeter de l'ironie sur des textes aussi précis que ceux de 1819 et 1822. Il établit la réalité du gouvernement du roi. C'est la collection des fonctionnaires. Il doit être interdit à la presse de la diffamer. Or, le *Précurseur* n'a pas eu d'autre intention. Il pouvait être excusable au mois de juin parce que les faits étaient mal connus. Depuis, les cours d'assises les ont éclairés. Tous les accusés de juin ont été condamnés comme ayant pris part au complot républicain formé pour renverser le gouvernement. Le *Précurseur* ne s'en est pas moins obstiné à voir l'action de la police dans cette insurrection. Ressort banal, que les partis vaincus mettent toujours en avant après la défaite... Il n'y a donc aucun argument à tirer des acquittemens prononcés au mois de septembre, et qui, d'ailleurs, furent dûs surtout au talent et à la modération du défenseur.

Arrivant ensuite aux interpellations qui lui ont été adressées, M. Delatournelle annonce qu'il ne reculera devant aucune explication. Quant aux embrigademens de la Bastille, le fait peut être vrai.... (Violente rumeur dans l'auditoire.)

M. Delatournelle, avec emportement : Si un seul mot d'approbation ou d'improbation se fait encore entendre, je requerrai non-seulement l'évacuation de la salle, mais l'arrestation des perturbateurs.

M. le substitut répète que le fait peut être vrai, mais qu'il ne doit point être imputé au ministère, que c'est une affaire de police, et qu'il n'est pas chargé de la justifier. — Quant aux déguisemens de Vidocq et de sa bande, il ne prouve rien autre chose sinon qu'on s'est servi de moyens détournés pour arrêter les insurgés et deviner leurs plans. En conclure qu'on a tiré sur les gardes nationaux, c'est une atroce calomnie. —

Quant à l'assassinat du pont d'Arcole, la cour royale de Paris a déclaré qu'il n'y avait pas lieu à suivre, la justice a donc prononcé, et l'on ne peut non plus accuser le gouvernement.

Il termine en disant à MM. les jurés qu'il s'agit dans cette cause d'absoudre ou de condamner le gouvernement, de le défendre de l'anarchie ou de l'y abandonner sans réserve.

Me Jules Favre : Je serais, Messieurs, à la fois bien malheureux et coupable si, par excès de zèle, j'avais compromis la cause de mon client. On fait le procès à mes paroles, et ne pouvant trouver de crime dans l'article poursuivi, le ministère public s'est emparé des imprudences de mon inhabileté. Mais je n'accepte point cette demi justice. M. le substitut a parlé de délit commis par la défense; s'il a dit vrai, qu'il me poursuive, et s'il ne me poursuit pas, qu'il me permette de lui répondre qu'il s'est servi d'une expression inconvenante et coupable dans la bouche de l'accusation, qui ne doit point multiplier à plaisir les crimes.

L'avocat reprend ensuite chacun des argumens du ministère public ; il examine sa théorie sur le gouvernement du roi, théorie que j'accepte, dit-il, mais qui assurément ne se rencontre pas dans la loi. Il prouve que les intentions du *Précurseur* n'ont pu être coupables, qu'il devait être démontré à tous ses rédacteurs que le coup-d'état de juin était un guet-à-pens politique. Quant à moi, je l'ai si bien pensé, que je l'ai écrit tout au long dans le *Précurseur*, dans un article de deux colonnes, sous le titre de *Police politique*. Cette démonstration a été répétée à satiété depuis le mois de septembre, et notamment dans un article *ex-professo*, de cinq colonnes, intitulé : *Coup-d'état de juin*, article par lequel M. Ans. Petetin, établit les faits à la main, qu'il n'y a pas eu d'autre conspiration que celle de la police ; si M. le substitut le désire, je le mettrai sous les yeux de MM. les jurés.

M. Delatournelle fait un signe négatif et ajoute : Tout ceci ne prouve rien : ces articles ont pu passer par une distraction de M. le procureur du roi.

Me Jules Favre : Je repousse tout-à-fait une semblable interprétation, et j'ai trop de confiance dans le zèle de M. le procureur du roi, pour croire qu'il apporte de telles distractions dans l'exercice de ses fonctions ; s'il en avait, Messieurs, assurément, ce ne serait point dans ce sens.

On vous a dit que l'influence de l'honorable M. Barrot avait pu entraîner la décision des jurés de septembre. Une telle supposition me serait bien douloureuse, elle serait aussi affligeante pour la justice. Je crois, Messieurs, que le nom et le talent de cet orateur célèbre n'eussent point surpris une sentence contraire à la vérité, et que le jury n'a écouté que la voix de sa conscience. Mais puisqu'on a cité ce témoignage, je m'en prévaudrai aussi pour vous faire voir que tout ce que j'ai dit de plus fort, M. Odilon-Barrot l'avait dit avant moi ; je suis heureux de pouvoir vous rappeler ses paroles, et je ne pense point que le ministère public en conteste l'authenticité, puisqu'elles sont tirées d'un écrit revu par M. Barrot lui-même et dont M. le procureur du roi a eu connaissance. S'il eût renfermé des mensonges, on ne les expliquerait plus cette fois par une distraction de ce magistrat : ce serait à coup sûr abuser de la permission.

M. Barrot disait dans cette enceinte : « Ce n'est pas tout, Messieurs,
» Pendant qu'on poursuivait ici le *Précurseur* pour avoir accusé la po-
» lice , des débats avaient lieu à Paris, qui jetaient sur ces machina-
» tions un jour terrible. La police a été surprise en flagrant délit : on
» l'a rencontrée à chaque pas dans toutes ces ignobles intrigues qui
» ont préparé la catastrophe des 5 et 6 juin ; on a saisi sa main en
» quelque sorte. *Des témoignages nombreux et tout-à-fait dignes de foi*
» ont attesté que là , comme dans les embrigademens du 14 juillet , la
» police avait sa part. Une brigade entière , échappée des bagnes , était
» sortie déguisée sous la livrée honorable du travail , *elle a pris part à*
» *l'action* ; *elle a tiré des coups de fusil, donné des coups de baïonnette ,*
» *elle s'est mêlée aux insurgés*, elle a arrêté des citoyens. La constata-
» tion de ces faits a confondu la police, et l'a fait succomber dans le
» procès en diffamation qu'elle avait eu l'audace d'intenter au *Corsaire*!
» Et ce serait après l'acquittement du *Corsaire*, après que la police a
» été honteusement évincée de sa plainte, après qu'elle est restée flétrie
» sous des charges accablantes , que vous , Messieurs, vous condam-
» neriez un journal de province qui, loin des faits, les a pour ainsi
» dire instinctivement *devinés* , qui a dénoncé l'odieuse intervention
» de ces misérables ! Je ne le crains pas, car il y aurait là une haute
» contradiction ; je ne le crains pas surtout , parce que votre probité
» se révoltera de ces scandaleux excès ; parce que , si vous éprouvez
» vivement pour vos personnes et pour vos fortunes le besoin de la sé-
» curité, vous ne voulez pas que la magistrature chargée de protéger
» cette sécurité soit confiée à des mains impures qui poussent au dé-
» sordre pour se faire un mérite de le réprimer. » (*Déf. du Précurs.* ,
pag. 15 et 16.)

Qu'ai-je dit de plus fort? Et comment, après une telle déposition ,
pourrez-vous croire , Messieurs , à l'innocence de la police et du pouvoir qui l'emploie? Comment condamneriez-vous le *Précurseur* comme
ayant écrit contre sa pensée qu'il y avait guet-apens , lorsque M. Barrot lui-même l'a si victorieusement démontré ?

Que devient aussi cette ingénieuse explication de M. l'avocat-général, qui trouve tout naturel le déguisement de Vidocq et de sa bande ;
qui n'y voit qu'une loyale ruse de guerre? Sur qui tombe le reproche
de calomnie adressé à ceux qui en concluent que les agens de police
ont tiré sur les gardes nationaux? Et M. l'avocat-général ose dire que
le *Précurseur* a dû être instruit par les débats des cours d'assises !
Oui, certes, il y a puisé des renseignemens. Mais s'est-il rencontré
une seule trace de ce complot républicain dont on vous parle encore
ici avec une si incroyable assurance? Nous avons tout d'abord défié le
gouvernement de le prouver : nous renouvelons aujourd'huile défi, et
nous le justifions. Car de tous les condamnés de juin nul n'a été convaincu de complot. On n'a pas même essayé d'établir entre eux le
moindre lien ; on n'a jugé que des combattans isolés , surpris par le
désordre de l'émeute, improvisant leur défense en face d'une agres-
sion imprévue. Qu'il disparaisse donc pour jamais du sanctuaire de la
justice, ce fantôme de conspiration que le pouvoir avait jeté comme
un leurre, mais qu'il n'a plus le droit d'évoquer alors qu'il a été publiquement convaincu de mensonge !

Mais dans l'affaire du *Corsaire* il a été démontré que Vidocq s'était

déguisé avec sa bande, qu'ils étaient tous sortis portant des armes chargées. M. Barrot vous a dit que des témoignages nombreux et dignes de foi assuraient qu'ils avaient tiré sur leurs concitoyens, donné des coups de baïonnette. Ceci me suffirait, parce que M. Barrot n'a pu prononcer dans cette enceinte des paroles si graves sans les avoir pesées. Mais je me rappelle un fait qui ne sera point nié par le ministère public, et s'il le niait, je m'engage dès à présent à lui prouver dans le *Précurseur* que ma mémoire n'est point infidèle : (M. Delatournelle fait signe qu'il s'en rapporte.) Un lieutenant-colonel de garde nationale a arrêté un insurgé en flagrant délit, et celui-ci s'est fait mettre en liberté en prouvant qu'il appartenait à la police. Voilà ce que nous a révélé la cour d'assises. Messieurs les jurés penseront-ils que de tels faits dussent changer la conviction du *Précurseur*, et qu'innocent au mois de septembre pour avoir, selon l'expression de M. Barrot, *deviné l'intervention de ces misérables*, il soit coupable au mois de février pour l'avoir rappelée alors que tous les événemens postérieurs établissaient qu'il ne s'était point trompé?

Ainsi, même en suivant les principes de M. l'avocat-général, le *Précurseur* ne devrait point être condamné, puisqu'il a écrit de bonne foi, puisqu'il a dit la vérité. Mais j'ai été plus loin, j'ai soutenu qu'il y avait pour lui courage et nécessité dans l'accomplissement de ce devoir. J'ai avancé que toute ame honnête devait avoir pour ce gouvernement de légitimes sentimens de haine et de mépris. Ce jugement sévère, je l'ai basé sur des faits. Qu'y a-t-on répondu? Qu'ils étaient possibles, mais qu'on n'avait pas à justifier la police. L'ai-je bien entendu, Messieurs? Est-ce l'organe de la loi, le protecteur des intérêts de tous qui l'a dit! On lui dénonce un assassinat, un assassinat public, commis par des magistrats, et il répond que le fait est possible et qu'il n'a pas à justifier ceux qui en sont coupables! A les justifier, grand Dieu! Mais ne les justifie-t-il pas en ne les poursuivant pas? Quelle est donc cette puissance occulte qu'on place si bas qu'on la couvre à volonté de fange, qu'on lui fait une inviolabilité d'infamie, et qui est cependant assez haute pour qu'on profite de ses crimes? Car si les assassinats de juillet et de juin n'étaient point nécessaires, vous souffrez donc que le sang soit versé par les visirs de la police, selon leur caprice! S'ils étaient nécessaires au soutien du gouvernement, et que vous les excusiez comme tels, voyez un peu sur quoi vous vous appuyez! Et quand je m'indigne en demandant compte de telles horreurs, on jette sur moi un blâme dédaigneux, on m'accuse de sortir des bornes de la défense! Oh! oui, je m'indignerai; mais je n'aurai pas assez d'énergie pour dire qu'on a tenu bureau ouvert de meurtre au profit du pouvoir, et que le ministère public se contente froidement de répondre que cela est possible! Ces paroles resteront, Messieurs: je ne me repens plus d'avoir élevé la voix: quel que soit notre sort, le pays saura ce qu'il peut attendre des ministres de la loi, et où ils sont descendus pour défendre le gouvernement; il saura qu'ils laissent la France prostituée à la police! basse ou haute, qu'importe? Le crime est moins à verser le sang qu'à en recueillir le fruit! Et je puis dire que le gouvernement qui soutient la police, celui qui l'excuse, celui qui en profite directement ou indirectement, que ce gouvernement se nomme Barthe ou Louis-Philippe, est aussi méprisable que ses plus méprisables agens.

2

BIBLIOTHÈQUE NATIONALE
R. F.
IMPRIMÉS

Après cette virulente improvisation que nous n'avons reproduite que fort imparfaitement, l'avocat revient en peu de mots sur l'affaire du pont d'Arcole. Il prouve que l'arrêt de non-lieu ne saurait justifier le gouvernement. Car, dit-il, des citoyens recommandables ont écrit et signé dans les journaux de Paris que les sergens de ville avaient frappé sans provocation. S'ils calomnient, pourquoi ne les a-t-on pas poursuivis? c'est qu'ils offraient des preuves. Or, n'est-il pas inouï que le pouvoir se laisse ainsi accuser en face, et qu'il nie plus tard avoir commis les forfaits dont il lui eût été si facile de se justifier ?

Ayant ainsi démontré par des faits que tous les reproches adressés au gouvernement étaient légitimes, et devaient inspirer la haine et le mépris à tous les honnêtes gens de quelque parti qu'ils fussent, Me Jules Favre poursuit en ces termes :

Mais est-ce là tout, Messieurs ? Ai-je épuisé les considérations qu'il m'appartient dans cette cause ? J'ai démasqué les lois de 1849 et 1822, et prouvé qu'elles étaient dans la main du pouvoir une arme commode, à l'aide de laquelle il lui était toujours possible d'étouffer toute théorie gênante. J'ai aussi justifié l'article incriminé, en établissant d'abord que le *Précurseur* avait dû en conscience regarder le coup-d'état de juin comme un guet-apens politique ; en second lieu, en appuyant sur des faits incontestables, sur d'irrécusables témoignages la réalité de ce guet-apens. Mais je ne vous ai point dit le mot de ce procès, et, en vérité, il est si mesquin dans sa cause, qu'il a bien pu m'échapper au milieu des graves préoccupations qui ont dû me dominer. On a essayé une tentative nouvelle contre la presse, et ce qui le prouve, c'est que les auteurs véritables du prétendu délit ne se trouvent point à vos pieds. Nous sommes loin de nous en plaindre ; bien que l'article nous ait été communiqué, et que, par un noble mouvement de générosité, les rédacteurs se soient fait connaître, nous en avons accepté la responsabilité, nous ne la déclinons pas davantage devant la justice que devant le public ; mais comment expliquer ce privilége de poursuite dont le parquet nous a fait l'honneur, si ce n'est par une intention évidente de ruiner la presse ? Ce n'est pas d'hier qu'une conspiration a été ourdie contre une feuille indépendante, dont la publication choque certaines antipathies. Le bon sens et le patriotisme du jury de septembre l'ont déjouée. Votre sentence, Messieurs, ne sera point différente. Je ne pense point en effet que les principes de tolérance universelle, le besoin sincère de libre examen, soient aujourd'hui moins respectés. Nécessaires à nous tous, au milieu des étranges dissidences d'opinion qui nous divisent, ils se sont incarnés dans nos mœurs, et se retrouveront dans votre décision. Je ne conçois plus aujourd'hui d'autre religion politique qui puisse fermer derrière nous le gouffre des révolutions. Tous les pouvoirs ressemblent à des pilotes sans boussole, errant au hasard dans une société qu'ils ne connaissent plus, vivant au jour le jour de violences ; supportés provisoirement faute de mieux. En vérité, dans ce pêle-mêle général, je ne vois que la presse qui remplisse les fonctions d'agent civilisateur. Sans elle, tout est remis en question, et les forces aveugles qui fermentent au sein du corps social, peuvent se rencontrer face à face et se livrer bataille.

Car vous n'ignorez pas, Messieurs, que la nature humaine se révèle par une double manifestation : la violence et le droit. Ce n'est pas d'aujourd'hui qu'elles se sont disputé le monde ; leur lutte a commencé sur son berceau , il est probable qu'elle ne finira qu'avec lui. Seulement , dans les âges primitifs , le droit languissait étouffé sous l'oppression de la force ; il ne s'annonçait que par ces convulsions immenses qui accusent la présence d'un principe véritable , mais enchaîné. Dans l'avenir , au contraire , et nous y marchons , la violence sera subordonnée au droit qui la régularisera dans l'intérêt de tous. Mais pensez-vous que nous soyions voisins de la réalisation de cette utopie ? Pensez-vous que le moment soit venu de laisser les idées désarmées, en présence d'un pouvoir qui voudrait en arrêter le progrès? Je ne parlerai point des innombrables procès intentés à la presse depuis près de trois ans , ni des humiliations de toute nature dont on a abreuvé tous ceux qui conservaient une plume indépendante. Non , j'ai assez contristé vos cœurs par de déplorables peintures , il est temps de nous élever à de plus hautes considérations : Messieurs, d'où sortons-nous ? du 18ᵉ siècle ? il touchait au moyen âge. Il n'y a pas cinquante ans encore que la torture était admise comme preuve, et que le bourreau venait dicter les arrêts de la justice. Dix-huit cents ans après J. C. , l'esclavage colonial déshonore nos possessions d'outre-mer. Voulez-vous des faits plus spéciaux? dites-moi si l'Europe ne sent pas ses flancs déchirés par l'éperon de la sainte-alliance sous le poids de laquelle elle se cabre vainement? dites-moi si, dans les cours du Nord , ne se trame pas une machination secrète de quelque Saint-Barthélemy des idées libérales, dont notre France serait à la fois l'échafaud et la tombe ? Et pour ne point sortir de chez nous , ne voyez-vous pas de tous côtés les systèmes les plus bizarres se heurter confusément sur le sol national ; tous incomplets et transitoires, je le crois, mais tous unanimes à faire de notre société une satire impitoyable, tous unanimes à réclamer de radicales et promptes modifications. Est-ce là un symptôme insignifiant? Ne vous annonce-t-il pas, au contraire, qu'il existe dans l'état une foule de besoins opprimés , qui s'agitent et demandent satisfaction ?

Et c'est alors qu'on étoufferait la discussion ! Prenez-y garde , Messieurs ; tous ces besoins qui brûlent de se faire jour ne seront point apaisés par des amendes et des emprisonnemens. Il leur faut une manifestation. Si vous les empêchez d'être journal, ils se feront émeute. Ils changeront leur plume contre des mousquets. Et alors, Messieurs , je m'étonne comment, après les leçons de juillet et de novembre, on peut dire anathème à la pensée, confier follement les destins de la France au hasard de la force brutale , surtout lorsqu'on est minorité de nombre et d'énergie !

Mais , dit-on , loin de calmer les passions populaires , la presse les irrite, Je conviens franchement qu'elle a commis des fautes. Quelle puissance n'a eu les siennes ? Emancipée d'hier , elle a quelquefois porté dans le domaine de la liberté quelques-unes des habitudes de l'esclave ; mais elle s'en fût bien vîte dépouillée, si on lui eût fait une large part d'indépendance : au contraire, on l'a mesquinement persécutée , traquée par de pédantesques réquisitoires , on l'a emprisonnée, ruinée..... On s'irriterait à moins. N'est-il pas vrai, Messieurs, que la contradiction aigrit, que les poursuites injustes poussent à la violence? Croyez-vous que les pensées soient bien calmes, quand elles sortent du fond d'un cachot ? L'expérience vient ici à l'appui de cette psychologie du cœur humain. Quand le *Précurseur* fut poursuivi au mois de septembre, le ministère public ne manquait pas de dire que l'indulgence encouragerait son audace, que sa violence s'accroîtrait avec l'impunité. Qu'est-il arrivé? Je prends pour juge tout homme de bonne foi : si le *Précurseur* n'a rien changé à l'inflexibilité de ses principes, au moins conviendra-t-on qu'il a renoncé à ces formes acerbes qu'on pouvait auparavant lui reprocher quelquefois : au moins lui doit-on rendre cette justice que son langage s'adresse plus à la raison qu'aux passions. Ainsi, il a puisé dans l'adhésion du jury des leçons de modération et de dignité. Il en sera de même toutes les fois que le jury interviendra entre le pouvoir et la presse. En émancipant celle-ci, il la moralisera : elle n'aura plus pour les masses que des paroles calmes et raisonnées. Elle sera impitoyable aux abus : qui s'en plaindrait? Elle tuera les mauvais gouvernemens ; mais les gouvernemens sont-ils faits pour les peuples, ou les peuples pour les gouvernemens? Au moins les tuera-t-elle paisiblement par la seule influence de ses doctrines, et vraiment notre malheureux pays a fait une assez triste expérience des révolutions à coups de fusil, pour que nous puissions maintenant essayer des révolutions à coups de plume.

On a dit que notre crise sociale cache au fond une crise industrielle, et je le crois. Les élémens s'en multiplient autour de nous, et menacent de nous déborder. Mais qu'a-t-on fait pour la prévenir? A-t-on allégé les impôts qui entravent la production? A-t-on dirigé les efforts des travailleurs, vécu de leur vie, épousé leurs intérêts? On ne les comprend même pas ! Que faire donc de ce peuple qui travaille et qui souffre, de ce peuple qui grossit de ses sueurs et de ses larmes le chiffre du budget et de la liste civile, qu'en faire si vous lui enlevez sa dernière espérance ? Et quelle espérance lui restera-t-il, quand ses défenseurs naturels seront réduits au silence, quand la presse sera morte sous les coups du pouvoir ? Quel terme verra-t-il à ses maux quand il dépendra du caprice de l'autorité de le reculer ? Laissez-nous, au contraire, la liberté de penser et d'écrire, et tout le reste nous viendra par conséquence ! Alors nous pourrons dire à cette France laborieuse qui s'émancipe et grandit chaque jour :

Patience ! La presse réclame avec instance une place dans l'état pour l'intelligence et le travail. Patience ! Les révolutions pacifiques, pour s'opérer plus lentement, sont plus durables, parce que chacun y met la main et les salue par d'unanimes acclamations. Patience ! Car au milieu de toutes nos espérances brisées, il nous reste encore la presse et le jury : puissances solidaires, nées l'une de l'autre, et qui se soutiendront mutuellement ; la presse, en combattant les usurpations du pouvoir, en préparant les améliorations sociales ; le jury, en la défendant contre de dangereuses attaques. Ainsi, par leur double influence, la paix et les destinées publiques sont désormais assurées ; ainsi est impossible le retour sanglant des proscriptions et des échafauds ! et quand la France renouvelée, aura ressuscité l'enthousiasme populaire pour un système qui laissera toute faculté humaine se développer librement, cet enthousiasme aura ses hymnes de reconnaissance et ses fêtes nationales pour cette magistrature populaire, qui dans les mauvais jours ne manqua point aux idées, qui de sa main puissante ferma le règne de la violence, en permettant à la pensée de faire paisiblement la conquête

du monde. Ce beau triomphe sera le vôtre, Messieurs les jurés, comme celui de vos prédécesseurs. Il sera votre gloire et le salut du pays.

M. le président demande à l'accusé s'il a quelque chose à ajouter pour sa défense. — M. Anselme Petetin prononce l'allocution suivante :

MESSIEURS LES JURÉS ,

Je crains presque, je l'avoue, de donner de la gravité à ce procès, en prenant la parole comme si j'avais à me défendre d'une accusation sérieuse. — Mais le respect que je professe pour le tribunal civique, devant lequel je suis appelé , et la nécessité de m'expliquer sur un point qui importe à l'honneur de mon caractère d'écrivain, m'obligent à dire quelques mots que je vous prie d'écouter avec bienveillance.

Je l'ai déclaré tout-à-l'heure en répondant aux questions de M. le président : je ne suis point l'auteur de la note qui a servi de prétexte aux poursuites du ministère public; cette note a paru dans le *Précurseur*, sans que j'en eusse pris connaissance, parce qu'elle m'était remise par un homme en qui j'ai une confiance entière et dont je partage toutes les opinions. — Cette confiance, il ne l'a pas trompée, car il a exprimé très-fidèlement mes sentimens pour Jeanne et ma conviction sur la nature de la catastrophe de juin.

Mais enfin , Messieurs, je n'ai point écrit cette note , et ceux qui en sont les auteurs se sont fait connaître avec une loyauté que vous apprécierez, j'en suis sûr. Dès que mon renvoi devant la cour d'assises m'a été signifié, les vingt-cinq citoyens qui avaient formé une souscription pour Jeanne et adhéré aux termes de la note, ont offert au ministère public leurs noms et leur responsabilité.

La loi est formelle à cet égard; le gérant, dit-elle, *peut* être poursuivi, et *l'auteur ou les auteurs* de l'écrit , s'ils sont connus, *doivent* être poursuivis en même temps.

Comment se fait-il donc que je sois seul sur le banc des accusés ? Comment n'y vois-je pas avec moi mes vingt-cinq complices ?

C'est une question formelle que j'adresse au ministère public , et que je vais résoudre, Messieurs, pour vos consciences.

C'est qu'il n'y a point de délit dans la note incriminée ; c'est qu'il n'y a là qu'un prétexte de poursuite ; c'est qu'on saisit tous les prétextes pour satisfaire les animosités du pouvoir contre la presse ; c'est que la seule chose importante pour le parquet est, non pas de faire respecter la loi, mais d'obtenir des condamnations contre les journaux ; c'est enfin qu'on veut par tous les moyens vous arracher une condamnation contre le *Précurseur* : depuis deux ans bientôt c'est l'idée fixe du parquet de Lyon , et certes les instructions et les excitations qu'il reçoit de Paris ne sont pas de nature à le distraire de cette préoccupation haineuse.

On s'est peu soucié de mettre en cause vingt-cinq citoyens , parce que même quand on aurait obtenu contre eux une condamnation, on n'aurait point avancé d'un pas dans la grande entreprise qui , depuis un an , Messieurs , échoue devant vos lumières et votre indépendance. Ruiner le *Précurseur* par des amendes, c'est là tout ce qu'on veut, je vous le dis simplement, parce que c'est une vérité trop évidente. — Vous pèserez, Messieurs, dans votre conscience si cette spoliation détournée, spoliation à la fois morale et pécuniaire , est un acte auquel vous puissiez vous associer.   2.

Si le ministère public trouve que je le calomnie, il faut qu'il expli-
que le scandaleux mépris de la loi que je signale à votre impartialité.
Qu'il réponde ou qu'il se déclare convaincu d'avoir violé outrageuse-
ment la loi au moment même où il prétend la défendre.

Vous comprenez, Messieurs, que quand j'insiste ainsi sur ce point,
mon intention n'est pas d'affaiblir, en la divisant, la responsabilité que
m'impose la loi; je vous l'ai déjà dit, je l'ai écrit vingt fois dans le
Précurseur, Jeanne est un homme qui a mérité l'estime et la sympathie non-seulement du parti populaire, mais encore de quiconque
sait ce que vaut une conviction inflexible, même devant l'échafaud.

Ce n'est pas parce que Jeanne s'est battu au mois de juin dans les
rues de Paris, que les patriotes l'entourent de tant d'intérêt : notre
opinion sur la cause de ces tristes événemens ne nous permet pas de
voir, dans ceux qui s'y sont mêlés, autre chose que des têtes généreuses, mais ardentes et prêtes à donner dans tous les piéges, à répondre
à toutes les provocations. A Lyon, deux jours avant la catastrophe et
sur la simple lecture des demi-mots menaçans des journaux de police,
nous avons désavoué l'émeute de juin, et nous la désavouons encore,
tout en déplorant le noble sang qui s'y est répandu. — D'ailleurs,
Jeanne assailli dans la rue, lorsqu'il ne songeait à rien moins qu'à
s'insurger, Jeanne fit ce que nous ferions tous, il se défendit, il se
trouva mêlé sans le savoir au combat, et vous l'avez vu par les détails
de son procès, il ne put pas et ne voulut pas abandonner les compa-
gnons d'armes et de dangers que le hasard lui avait donnés. Cela était
tout simple. Ainsi, ce n'est point comme le héros d'une insurrection
républicaine que nous honorons Jeanne, entre tous les combattans du
cloître St-Méry. Nous répudions toutes les émeutes, et il n'est pas une
de celles qui ont excité si violemment les clameurs des amis du pouvoir, qui ne nous ait causé à nous plus de chagrin qu'à eux, parce
qu'elle nous causait bien plus de préjudice et qu'elle calomniait dans
les esprits faibles nos doctrines et notre parti. Notre parti n'est pas le
parti de l'émeute et des violences de minorités : il est celui du règne
de la majorité par la justice et la liberté; nos doctrines ne sont pas
celles du désordre, elles sont celles de l'ordre par la raison, par le
bien-être du plus grand nombre, par une inflexible et radicale équité.

Notre estime pour Jeanne lui est acquise par quelque chose de plus
noble que ce courage banal, qui consiste à se jeter au milieu des
coups de fusil un jour de mêlée. Quand il fut appelé devant la *cour*
d'assises de la Seine, il y avait eu, ne l'oubliez pas, Messieurs, des
condamnations à mort, pour lesquelles on ne se pressait pas de faire
usage du droit de grâce; car pour Lepage et Cuny, on ne s'est décidé
à se servir de ce droit suprême que la veille du jour fixé pour leur mort,
quand le peuple de Paris, ému par la seule rumeur de la prochaine
exécution, se fût porté en masses épaisses sur la place du Panthéon. Eh
bien ! ce fut alors que dans de longs débats, où il ne nia rien des faits
de l'accusation, Jeanne montra cette énergie froide, ce courage de
l'ame, cette résolution calme et forte qui refuse de dissimuler une
croyance qui doit coûter la vie.

Voilà, Messieurs, ce que nous admirons; descendez dans votre
conscience; laissez-là l'homme politique; ne vous adressez qu'à
l'homme de cœur et de bon sens, et dites-nous si un parti qui compte

de pareils hommes dans son sein, n'a pas le droit d'en être fier? Et notre parti en compte beaucoup, car toute persécution en fait apparaître de nouveaux, et le gouvernement n'a pas encore une fois frappé dans nos rangs, sans rencontrer devant lui un homme de courage, d'esprit et de loyauté.

Il vient encore de nous révéler Bergeron, homme naguère obscur, sorti couvert de l'estime publique, de la fumée ridicule du coup de pistolet.

Il semble qu'il se soit chargé de mettre en saillie et de signaler à tous les regards les hommes forts qui doivent préparer le régime de l'avenir. Carrel, Cavaignac, Marrast, Roche, Trélat, tous hommes de conscience et de lumières, dont les noms sont devenus pour le peuple des drapeaux, grâce aux prédilections haineuses du pouvoir.

Elles sont bien étroites les ames qui ne savent pas respecter dans Jeanne l'héroïsme de la conscience; elles sont bien dignes de pitié les plumes mercenaires qui consentent à s'avilir en insultant à cette inflexibilité de la croyance! il ne s'agit pas ici de dissentimens politiques : Bailly ou Camille Desmoulins, girondins, royalistes ou montagnards, quiconque professe sa foi devant la mort est sacré pour tous les partis, car il n'y a que les fripons qui ne sachent pas mourir, et, quelles que soient les erreurs de l'esprit, celui qui s'avance le cœur ferme, le front haut, sans pâlir, vers un échafaud où le conduisent ses convictions, celui-là est un homme de vertu, digne de la vénération de tous. Haïssez-le si vous voulez, mais vous ne le mépriserez pas.

Et ce sentiment universel d'estime pour l'homme qui sait braver de sang-froid la mort, est un instinct profondément juste et vrai! Il y a au fond du cœur de l'homme une voix qui lui dit que celui-là doit savoir dominer les petites et mauvaises passions de la vie, qui est assez puissant pour dompter cette horreur de la mort qui fait l'essence de notre nature. La vertu n'est pas autre chose qu'une victoire de tous les jours sur les passions vicieuses, sur les appétits brutaux, sur ce qu'il y a encore d'anti-social en nous; la preuve donc, la plus claire et la moins contestable de la vertu la plus haute, c'est celle que donne l'homme qui domine la plus violente de nos passions, la passion qui renferme toutes les autres : la passion de vivre. — Cette preuve est celle qu'a consacrée l'adhésion de l'humanité entière, de tous les temps, de toutes les civilisations.

Pardonnez-moi, Messieurs, cette dissertation psychologique : elle était nécessaire pour vous expliquer la sympathie qu'a dû trouver parmi les hommes de son âge et de ses opinions, Jeanne, acceptant, pendant trois longues journées, la mort plutôt que l'abjuration, et portant avec une fierté profonde notre profession de foi à l'échafaud, comme une preuve de sa sainte et immortelle vérité.

Voilà, Messieurs, ce que j'avais à vous dire sur ce point. Quant à ce qui concerne les événemens de juin et la coopération qu'y a prise la police, je n'ai rien à ajouter à ce que vient de vous exposer mon éloquent défenseur, à ce qu'avait démontré sur le même sujet, il y a trois mois, l'illustre orateur qui couvrit alors le *Précurseur* de la protection de sa puissante parole.

Quelle que soit ma conviction sur la véritable cause de ces événemens, je ne vous demande pas de la partager : la mission de la défense n'est pas de vous faire accepter telle ou telle opinion politique. Nous ne vous demandons qu'une chose, c'est de croire à la liberté de la presse ; c'est de consacrer par votre verdict le droit que j'ai eu de publier ce que chacun a le droit de contredire. Le pouvoir a des journaux qui coûtent assez cher aux contribuables, pour lui rendre quelques services : qu'il les emploie donc à démontrer la fausseté de nos allégations ; le public jugera entre nos argumens et les leurs : voilà tout le débat qu'il peut y avoir à ce sujet : les arrêts de justice n'y ajouteront rien. Quand vous me condamneriez, il ne serait point du tout prouvé que la police n'a pas pris une large part à la catastrophe de juin, et votre verdict d'absolution ne démontrerait pas davantage que nous avons eu raison de la regarder comme seule coupable.

Cette cause d'ailleurs a été déjà jugée ici même trois fois, et trois fois dans le même sens. Les articles poursuivis au mois de juin sur ce sujet, étaient bien autrement explicites par le sens et âcres par l'expression, que les deux mots incidentels qui ont servi de prétexte à cette poursuite. Le jury a trois fois sanctionné notre droit d'examen illimité.

Pensez-vous, Messieurs, que ce ne soit pas manquer de respect pour le jugement du jury que de reproduire encore une accusation qu'il a trois fois repoussée ? Ne voyez-vous pas dans cet acharnememt la preuve d'une passion qui se joue des décisions du tribunal suprême ? N'y voyez-vous pas une violation flagrante et plus coupable par cela même qu'elle est détournée de la loi qui déclare sans appel les verdicts du jury ?

Sans doute les jurys ne sont point solidaires dans leurs jugemens, mais j'ai dû vous signaler cette animosité qui, trois fois réprimée par le jury, revient quatre fois à la charge, dans l'espoir d'obtenir de vous la satisfaction qui lui a été refusée par vos prédécesseurs de l'année dernière : depuis lors, s'est dit le ministère public, de nouvelles listes ont été formées par le préfet, et peut-être M. le préfet nous aura-t-il par ses choix préparé de nouvelles chances.

Vous verrez, Messieurs, quelle réponse il vous convient de faire à cette injurieuse espérance.

Je rougis presque, je le répète, d'occuper si long-temps votre attention d'une affaire qui n'est au fond qu'une taquinerie, une saillie de la mauvaise humeur du parquet. Le parquet, Messieurs, se fait un jeu et de la presse et du jury ; avant la fin de cette session, j'aurai à comparaître encore devant vous pour un procès bien plus ridicule que celui-ci, et il paraît que c'est une tactique du ministère public de lasser votre patience, ne pouvant vaincre votre impartialité. Mais je sais, Messieurs, qu'il ne vaincra pas plus l'une que l'autre.

Ce sera, permettez-moi de le dire, un éternel honneur pour le jury lyonnais, que d'avoir le premier en France compris d'une manière large et invariable la liberté politique en général et la liberté de la presse en particulier. C'est une preuve de haute moralité que cette tolérance de toutes les opinions qui peuvent se trouver représentées dans le jury pour la manifestation des opinions contraires. Votre conscience, Messieurs, vous rassure sans doute contre les clameurs des serviles qui appellent *scandaleux* vos verdicts d'acquittement. Ce qui serait scandaleux, ce serait le spectacle d'un parti siégeant dans le sanctuaire de la justice

et écrasant toutes les opinions qui le gêneraient ; refoulant par la force toute pensée qui lui serait importune ; imposant silence aux intérêts lésés, aux droits méconnus, aux citoyens froissés par le pouvoir ; arrêtant brutalement le développement de la raison publique, que poussent en devant les idées nouvelles auxquelles la presse sert de véhicule : immobilisant la société, jusqu'à ce que la pensée opprimée, les intérêts irrités fissent une explosion déplorable et sanglante qui bouleversât le pays ! —Ce qui serait scandaleux, ce serait un parti faisant chaque jour, sans trève et sans pitié, dans un temps et dans un pays de civilisation l'application brutale de cette maxime fondamentale du droit sauvage, du droit du plus fort, *malheur aux vaincus !*

Nous serions bien honteux, Messieurs, de plaider si vivement cette cause, si toutes ces affaires étaient des procès individuels. Mais c'est qu'il y a ici bien d'autres intérêts que les nôtres, c'est que ce sont les vôtres aussi, ceux de tous les citoyens. — Voyez, Messieurs, que reste-t-il au pays de garanties hors de la liberté de la presse ? Les chambres sont évidemment dévouées au pouvoir et lui accorderont toutes les lois qu'il leur demandera. Eh bien ! parmi ces lois, il en est une que les serviles demandent déjà à grands cris, c'est celle qui vous enlèvera votre juridiction sur les délits politiques ! celle qui nous enlèvera votre protection : liberté si violemment réclamée sous la restauration, obtenue avec si grande joie de la révolution de juillet ; liberté qui s'en va comme tant d'autres !

Voyez, par ce qui vient de se passer à Paris, par l'arrêt rendu contre le *National*, par cette inégalité de la justice pour deux faits identiques, par cette violation flagrante de la Charte, en ce qui concerne et la publication des débats et la liberté de la discussion ; voyez ce que nous aurions à attendre, si la presse était enlevée à votre juridiction ! Cela est grave, Messieurs, jamais la restauration n'alla si loin dans ses plus mauvais jours, quand le meurtre des sergens de La Rochelle attristait la France ! — Prenez-y garde, Messieurs, vous avez dans vos mains une grande puissance dont le pays attend que vous fassiez un juste et noble usage : peut-être, si nous en croyons les clameurs du parti rétrograde, cette puissance vous sera-t-elle bientôt ravie.

Mais votre devoir est d'en user jusqu'à la fin sans crainte et sans faiblesse. —Le jury et la presse, Messieurs, sont deux libertés sœurs : elles se soutiennent l'une l'autre, et, croyez-le, si l'une succombait, l'autre ne serait pas loin de périr. —Examinez avec quelle ardeur on les attaque à la fois toutes les deux : écoutez ces rumeurs qui roulent autour de nous, contre le jury politique ; voyez avec quelle brutalité presque maladroite on frappe sur la presse, dès qu'elle n'est plus protégée par le jury ; — étudiez encore une fois l'arrêt qui vient d'être rendu par la cour d'assises de Paris contre le *National* ; cela dit tout.

Aujourd'hui, Messieurs, la presse et le jury sont les deux seules libertés réelles qui nous restent, il faut qu'elles se prêtent un mutuel appui, car elles sont également menacées. — Dans l'état de la représentation nationale, la presse est le seul mandataire des classes exclues de la sphère de la représentation constitutionnelle, des classes qu'on appelle *basses* et que j'appelle *utiles;* c'est par elle que la bourgeoisie tient encore à cette foule innombrable de travailleurs, qui s'agite avec impatience contre les entraves que le passé et le privilége lui imposent ;

c'est par la presse et par le jury que ces deux parts de la société politique sont encore liées pacifiquement : ne brisez pas ce lien, Messieurs ; que les deux classes et les deux libertés restent unies par votre amour éclairé de l'ordre et de la liberté, par votre tolérance, par votre dévoûment à la paix sociale.

Croyez, Messieurs, que pour notre part nous ne faiblirons ni devant les petites persécutions, ni devant les lourdes brutalités ; ni devant les dégoûts dont notre grande mission est entourée ; ni devant les périls, s'il s'en présentait de plus sérieux : croyez que rien ne nous empêchera de remplir jusqu'au dernier jour, des devoirs bien pénibles sans doute au temps où nous sommes , mais qui n'en deviennent que plus sacrés à nos yeux.

M. le président résume les débats. Il nous a été impossible de reconnaître dans ce résumé l'impartialité qui est le devoir du magistrat. L'énergie du défenseur y est sévèrement blâmée , et M. le président semble garder toute sa bienveillance pour l'accusation. Le jury entre ensuite dans la salle de ses délibérations ; il en sort un quart d'heure après, et son chef lit avec quelque difficulté une déclaration d'où il résulte que l'accusé est coupable , *mais avec des circonstances atténuantes.*

M⁰ Jules Favre se lève aussitôt pour demander que la déclaration du jury soit annulée, et que messieurs les jurés rentrent aussitôt dans la salle de leurs délibérations, pour rendre un nouveau verdict , attendu que la question des circonstances atténuantes ne peut être posée en matière correctionnelle et que le jury a délibéré dans une erreur de droit.

M. le président , sans consulter ses deux assesseurs , répond que la déclaration du jury renfermant un verdict de culpabilité , la condamnation est dès-lors *acquise* à la cour. — M⁰ Favre demande acte de ses réserves sur la nullité de la déclaration du jury. — La cour se retire pour délibérer , et dix minutes après elle rentre , et rend un arrêt qui condamne M. Anselme Petelin à deux mois de prison et TROIS MILLE FRANCS d'amende.

Nous aurions peine à reproduire l'impression que cause sur l'auditoire cette condamnation inattendue. C'est une sorte de stupeur et d'étonnement que nous devons noter, et qui a dû frapper tout le monde, et les jurés, et la cour, et le ministère public lui-même.

LYON. — IMPRIMERIE DE CHARVIN,
Rue Chalamon, n° 5.

www.ingramcontent.com/pod-product-compliance
Ingram Content Group UK Ltd.
Pitfield, Milton Keynes, MK11 3LW, UK
UKHW021042120726
13693UKWH00005B/2381